La crypto-monnaie pour les nuls 2022-2023

Table des matières

Titre de page

La crypto-monnaie pour les nuls 2022-2023

QU'EST-CE QUE LA CRYPTOMONNAIE ?

POURQUOI LE MONDE NE SE DÉVIENDRA JAMAIS DE LA CRYPTO

L'ÉCOSYSTÈME DE LA CRYPTOMONNAIE EN 2022

LA CRYPTOMONNAIE DES INDUSTRIES PERTURBERA POUR 2022 ET AU-DELÀ

COMMENT PROFITER DE LA CRYPTOMONNAIE

COMMENT INVESTIR DANS LES CRYPTOMONNAIES

INVESTIR DANS LA CRYPTOMONNAIE

Comment stocker des crypto-monnaies ?

Token, ETF ou action : quel devrait être votre support d'exposition cryptographique ?

QU'EST-CE QU'UN NFT ? EXPLIQUÉ : JETONS NON FONGIBLES

ESCROQUERIES PAR CRYPTOMONNAIE À MÉFIER

LA BLOCKCHAIN ET LA LOI D'AMARA

Contenu

QU'EST-CE QUE LA CRYPTOMONNAIE ?.................4

QU'EST-CE QUE LA CRYPTOMONNAIE ET COMMENT ÇA MARCHE ?......5

LA CRYPTOLOGIE DE MANIÈRE RATIONNELLE............6

POURQUOI LE MONDE NE SE DÉVIENDRA JAMAIS DE LA CRYPTO......9

L'ÉCOSYSTÈME DE LA CRYPTOMONNAIE EN 2022.17

LA CRYPTOMONNAIE DES INDUSTRIES PERTURBERA POUR 2022 ET AU-DELÀ 22

COMMENT INVESTIR DANS LES CRYPTOMONNAIES......34

QUELLE EST LA DIFFÉRENCE ENTRE LES CRYPTOMONNAIES ET L'ARGENT FIAT ?.......35

INVESTIR DANS LA CRYPTOMONNAIE............37

INVESTIR DANS LA CRYPTOMONNAIE : EST-CE UNE BONNE IDÉE ?.......39

COMMENT ENREGISTRER DES CRYPTOMONNAIES ?..........45

PORTEFEUILLES FROID VS. PORTEFEUILLES CHAUDS..............46

PORTEFEUILLE/STOCKAGE À CHAUD........................46

PORTEFEUILLES POUR TEMPS FROID/RANGEMENT.......49

PORTEFEUILLES EN MÉTAL.....................51

PORTEFEUILLES EN PAPIER POUR LA PROTECTION............52

QU'EST-CE QU'UN PORTEFEUILLE EN PAPIER ?...........53

UN PORTEFEUILLE EN PAPIER EST-IL NÉCESSAIRE ?...........53

DOIS-JE FAIRE DE LA CRYPTO ET DES TAXES ?.........54

JETON, ETF OU ACTION : QUEL DEVRAIT ÊTRE VOTRE SUPPORT D'EXPOSITION À LA CRYPTO ?.......59

INVESTIR DIRECTEMENT DANS LA CRYPTO............60

PARTICIPER À L'ETF CRYPTO............61

INVESTIR DANS L'ACTION BITCOIN 62

À EMPORTER DUMB 63

QU'EST-CE QU'UN NFT ? EXPLIQUÉ : JETONS NON FONGIBLES......64

ALORS, QU'EST-CE QU'UN NFTS EXACTEMENT ?................64

QU'EST-CE QUE LES NFTS EXACTEMENT 65

COMMENT ACHETER NFTS 66

COMMENT VENDEZ-VOUS NFTS ?................67

COMMENT CRÉEZ-VOUS UN NFT ?................68

ESCROQUERIES PAR CRYPTOMONNAIES À MÉFIER......72

À QUOI S'ATTENDRE EN 2022 - (SPOILER : NFTS, MISES À JOUR TECHNOLOGIQUES ET INTÉGRATION MULTI-MARCHÉS).......103

LA BLOCKCHAIN ET LA LOI D'AMARA............107

QU'EST-CE QUE LA CRYPTOMONNAIE ?

Le terme « monnaie numérique » est fréquemment utilisé pour caractériser la crypto-monnaie. Bien que cette définition soit exacte, elle ne parvient pas à saisir ce qui rend la crypto-monnaie si spéciale et intrigante pour tant d'investisseurs. La crypto-monnaie est, à la base, un système de valeurs. Lorsque les investisseurs achètent une crypto-monnaie, ils parient que la valeur de l'actif augmentera à l'avenir, de la même manière que les investisseurs boursiers achètent des titres dans l'espoir de voir le cours de l'action de la société augmenter. Les valorisations boursières sont des attentes spécifiques des flux de trésorerie futurs d'une entreprise. Il n'y en a pas parce qu'il n'y a pas de société sous-jacente, il n'y a pas de métrique d'évaluation analogue pour les crypto-monnaies ; la valeur d'une crypto-monnaie est uniquement déterminée par l'appétit des investisseurs.

QU'EST-CE QUE LA CRYPTOMONNAIE ET COMMENT ÇA MARCHE ?

La chance des autres investisseurs est l'un des deux éléments qui affectent les valeurs. acheter l'actif ou l'utilité de la blockchain d'une pièce. La technologie Blockchain sous-tend la crypto-monnaie, mais qu'est-ce qu'une blockchain précisément ? Parce que le terme est devenu si largement utilisé, sa définition et son importance sont souvent confuses. En termes simples, une blockchain est un registre numérique de transactions. Cette base de données (ou registre) est partagée sur un réseau de systèmes informatiques. Le registre n'est pas contrôlé par un système unique. Au lieu de cela, une blockchain est maintenue et les transactions sont authentifiées par un réseau décentralisé d'ordinateurs. Les partisans de la technologie blockchain affirment qu'elle peut favoriser l'ouverture, la confiance et la sécurité des données lorsqu'elle est partagée sur un réseau. Les détracteurs affirment que la blockchain est peu pratique, inefficace, coûteuse et gaspilleuse d'énergie.

LA CRYPTOLOGIE DE MANIÈRE RATIONNELLE

Si les investisseurs croient en la force et l'utilité d'un actif numérique, ils l'achèteront.

La blockchain est la base de toutes les crypto-monnaies. En d'autres termes, les investisseurs en crypto parient (qu'ils en soient conscients ou non) sur l'avenir de la crypto-monnaie. La robustesse et l'attractivité de la blockchain

Sur la blockchain sous-jacente, les transactions de crypto-monnaie sont enregistrées dans l'éternité. Sous la forme de « blocs », des groupes de transactions sont ajoutés à la « chaîne », ce qui authentifie la légitimité des transactions et maintient le réseau opérationnel. Le registre partagé, ouvert au public, enregistre tous les lots de transactions. Tout le monde peut consulter les transactions sur les plus grandes blockchains, telles que Bitcoin (BTC) et Ethereum (ETH), à tout moment (ETH). Cependant, pourquoi les utilisateurs consacrent-ils des ressources informatiques à la vérification des transactions blockchain ?

Ils sont compensés avec la crypto-monnaie sous-jacente, bien sûr. Un mécanisme de preuve de travail (PoW) est un système incitatif. Les mineurs sont les ordinateurs qui "fonctionnent" pour "vérifier" l'authenticité des transactions de la blockchain. Les mineurs reçoivent des crypto-monnaies fraîchement générées en échange de leur énergie.

Les investisseurs en crypto-monnaie ne conservent pas leurs fonds dans des comptes bancaires ordinaires. Ils ont des adresses numériques à la place. Ces adresses incluent des clés privées et publiques, qui sont de longues séquences de chiffres et de lettres permettant aux utilisateurs de crypto-monnaie d'envoyer et de recevoir de l'argent. Le déverrouillage et l'envoi de crypto-monnaie nécessitent des clés privées. Les clés publiques sont mises à la disposition du public et permettent au possesseur de recevoir de la crypto-monnaie de n'importe qui.

Bitcoin, sans aucun doute, a changé de paradigme ; il n'y a jamais rien eu de tel auparavant, et il a inauguré une toute nouvelle technologie, une toute nouvelle plate-forme d'investissement et une nouvelle façon de penser à l'argent.

La crypto-monnaie est née d'un mouvement anti-etablisement populaire, mais les entreprises et les institutions financières l'adoptent déjà pour son potentiel de perturber les anciens systèmes obsolètes et diversifier les portefeuilles d'investissement. La définition de la crypto-monnaie continuera de croître à mesure que les nouvelles technologies remodèlent le secteur de la crypto-monnaie, y compris de nouveaux projets intrigants comme la finance décentralisée ("Defi").

POURQUOI LE MONDE NE SE DÉVIENDRA JAMAIS DE LA CRYPTO CHAÎNE DE BLOCAGE

La blockchain reprogramme les gens et transforme le monde. La majorité de l'activité humaine est motivée par des intérêts commerciaux Malgré les avancées technologiques, nous passons encore la majorité de notre temps à l'intérieur. Nous passons beaucoup de temps à essayer de gagner notre vie. Mais qu'est-ce qui se cache en dessous ? Certains peuvent appeler cela une culture capitaliste, ce qui est assez correct ; néanmoins, le capitalisme est le résultat d'une combinaison de nos institutions financières, juridiques et de gouvernance existantes, ainsi que de beaucoup d'histoire. Les propriétaires des actifs ont tout à gagner de ce système. Et si je vous disais que la technologie blockchain a donné naissance à un nouveau système de propriété des actifs nettement plus équitable que le précédent ?

1. CRYPTO EST ENTRÉE EN PERMANENCE DANS LE GRAND PUBLIC

Les droits de dénomination de l'American Airlines Arena, qui abrite le Miami Heat, ont été vendus à FTX le 26 mars 2021. FTX est l'un des plus grands échanges de crypto-monnaie au monde, avec une capitalisation boursière d'environ 18 milliards de dollars et un PDG. en Sam Bankman-Fried, l'un des jeunes les plus riches du monde.

Simultanément, plusieurs grandes institutions financières et entreprises technologiques ont intégré la cryptographie dans leurs produits, plates-formes et bilans d'une manière ou d'une autre. Tesla s'associe à PayPal, Visa s'associe à Mastercard et Wells Fargo s'associe à Microsoft. Au moment d'écrire ces lignes, le bitcoin représente plus d'un tiers des revenus de Robinhood.

Coinbase a été la première société de crypto-monnaie à être cotée à la Bourse de New York (NASDAQ). El Salvador a déclaré que le Bitcoin était sa monnaie officielle. Le yuan numérique, la monnaie Internet de la Chine, est en cours de développement. Sur la blockchain, Christie's a vendu une collection d'art de 69 millions de dollars.

Crypto a prouvé à plusieurs reprises qu'il a non seulement un place dans le courant dominant, mais a aussi un avenir. En relativement peu de temps, elle est devenue la transaction la plus emblématique et la plus importante, et probablement l'acteur le plus puissant de la société. La crypto-monnaie a pris d'assaut le monde plus rapidement qu'Internet lui-même en un peu plus d'une décennie (Bitcoin a été créé en 2009). Nous avons dépassé le point où la crypto est vouée à l'échec. Cette utilisation généralisée ne fera qu'encourager davantage d'innovation et d'intégration dans le système financier existant et les normes culturelles.

2. BLOCKCHAIN DEPASSE INTERNET EN CROISSANCE

Comme je l'ai déjà indiqué dans un article d'Entrepreneur, Ethereum, la blockchain la plus utilisée, a 12 fois la valeur quotidienne des transactions que Paypal. À plusieurs reprises, la capitalisation boursière mondiale de la cryptographie a dépassé 2 000 milliards de dollars. Seuls Apple et Microsoft l'ont déjà fait. Bitcoin est l'un des actifs les plus précieux au monde, derrière Apple, Amazon et Alphabet (Google), et il est décentralisé. Grâce à l'acceptation (effets Metcalfe), le produit a atteint une capitalisation boursière de 810 milliards de dollars.

TopShots, une seule collection NBA NFT, a produit des millionnaires. Ce sont des cartes de baseball renforcées de stéroïdes. Softbank a récemment révélé avoir mené une levée de fonds de 680 millions de dollars pour So Rare, un jeu de football fantastique NFT.

PleasrDAO, l'un des collectionneurs d'art crypto les plus connus et la société qui a acheté le même DOGE initial, est censé explorer des pièces tangibles IRL (dans la vraie vie). Il n'y a pas assez de pages pour montrer l'ampleur et l'étendue de l'influence de la cryptographie dans la société d'aujourd'hui. Lorsque la blockchain crée une nouvelle industrie, que ce soit le sport, la finance, l'art ou autre chose, cela change la donne. C'est devenu la norme de l'industrie, et c'est là pour rester.

3. L'AVENIR DE WEB3 NE S'ARRÊTE PAS À LA LUNE

L'incarnation d'Internet 3.0 est Web3 (après 1.0 en tant que création et Internet 2.0) avec le développement de la technologie blockchain et des crypto-monnaies. La finance non centralisée (Defi) est l'un des moteurs les plus importants de l'espace applicatif de la blockchain. Les institutions financières pourront effectuer des transactions et régler selon une nouvelle méthode.

Les organisations financières traditionnelles peuvent désormais accéder aux outils et aux rendements de la finance décentralisée via des projets institutionnels Defi comme Alkemi Network, Aave et Compound, comblant le fossé entre le marché traditionnel de la finance centralisée (Ceci) et l'industrie Defi basée sur la blockchain. Avec 196 milliards de dollars de valeur totale verrouillée (TVL) dans l'espace Defi, c'est un problème majeur. Ethereum s'est déjà imposé comme un élément de base de la blockchain, mais des entreprises comme Loop Finance construisent des ponts inter-chaînes pour connecter Ethereum à des blockchains émergentes comme Terra et Solana. Friends with Benefits, une communauté symbolique, redéfinit ce que peuvent être les communautés en ligne en récompensant les contributions avec des jetons et en donnant aux membres de la communauté une participation au jeu. Cela est encore plus vrai dans les communautés cryptographiques basées sur des produits, telles que Tally, qui utilise un modèle d'infrastructure appartenant à l'utilisateur pour laisser la communauté diriger le spectacle, permettant à la propriété d'alimenter le moteur de croissance.

En décentralisant tout ou partie des opérations vers la communauté, les communautés autonomes décentralisées (DAO) redéfinissent la manière dont les entreprises pourraient être constituées. Il n'y a plus d'organisations actuellement contrôlées uniquement par des employés, mais à l'avenir, les communautés s'uniront pour propulser les entreprises axées sur la mission. Les paradigmes du monde physique des collections d'art, des cartes à collectionner, de la participation à des événements et de la collecte de fonds ont tous été repensés grâce aux NFT (jetons non fongibles ou jetons « uniques »). Des projets de crypto comme Angel Protocol et Regen Network facilitent l'impact social et les solutions technologiques climatiques et le métaverse, qui comprend des sites comme Decentraland et The Sandbox où les gens peuvent se rassembler en ligne, rappelle Les Sims et Second Life dans les années 2000. Avec plus de 12 millions de personnes présentes, Fortnite a organisé le plus grand concert de métavers. Ces nouveaux modèles ne sont souvent pas uniques, mais plutôt une version agrandie d'idées passées dans un nouvel univers numérique. Web3, la troisième version d'Internet, en est encore à ses balbutiements, avec ses défauts et ses défauts, et il n'a pas toujours l'air sympa, tout comme Internet 1.0 en 1995. Il est néanmoins là pour rester. La blockchain et la crypto-monnaie réécrivent les règles de fonctionnement, de conduite des affaires et de refonte de la culture et de la société. Web3 est bel et bien vivant. La métaverse vivra.

L'écosystème de la crypto-monnaie en 2022

L'écosystème de crypto-monnaie est essentiel car le secteur de la cryptographie développe rapidement l'innovation. Il est difficile de suivre toutes les nouvelles devises, projets, technologies et nouveaux développements qui apparaissent régulièrement. En 2021, le marché des crypto-monnaies sera extrêmement diversifié, englobant bien plus que le bitcoin. Pour obtenir une compréhension rudimentaire des centaines de pièces de monnaie et de devises cryptographiques actuellement en circulation, vous devez d'abord comprendre l'écosystème des crypto-monnaies. L'écosystème de crypto-monnaie est composé de quatre composantes: les utilisateurs, les investisseurs, les mineurs et les développeurs. La crypto-monnaie comprend quatre (4) principaux éléments des utilisateurs des écosystèmes. Les utilisateurs des écosystèmes de crypto-monnaie sont membres des écosystèmes de la blockchain qui profitent du réseau tout en préservant le contrôle de leurs informations personnelles. L'élément le plus crucial est l'utilisateur, qui enrichit le système avec des transactions quotidiennes comme l'achat, la vente, l'investissement et la détention. La valeur et la signification de chaque crypto-monnaie sont principalement déterminées par l'interaction de l'utilisateur. Les utilisateurs, d'autre part, n'ont aucun contrôle sur la gestion active du réseau. Investisseurs L'écosystème blockchain est contrôlé par les investisseurs. Ils sont venus parce qu'ils pensent que le potentiel d'investissement de la blockchain à l'avenir sera considérablement plus élevé qu'il ne l'est actuellement. Les investisseurs ont l'intention d'investir dans une variété de projets visant à profiter de l'expansion de la blockchain. Cette section de l'écosystème de la blockchain examine la planification future à petite et à grande échelle. Mineurs parce que Bitcoin est un système décentralisé, il nécessite une main-d'œuvre décentralisée pour le faire fonctionner. Les mineurs, qui contribuent à l'entretien de l'infrastructure et sont rémunérés par le Bitcoin nouvellement créé, compensent ceci la main d'oeuvre. Les mineurs confirment les transactions précédentes sur l'architecture Blockchain et téléchargent de nouvelles données de transaction sur l'infrastructure du réseau Blockchain tout au long du processus de minage. Les mineurs devraient être en mesure de déterminer quel type de cryptage est utilisé dans les données de transaction. Ils rivalisent avec d'autres mineurs pour décrypter les codes de chaque transaction. Tout mineur qui peut décoder la transaction plus rapidement recevra une partie de la transaction.

DÉVELOPPEURS

Les ingénieurs Blockchain (qui créent des coques de produits logiciels et implémentent des algorithmes complexes), les programmeurs Blockchain (qui créent des produits et des interfaces Web utilisant les technologies blockchain) et les développeurs de contrats intelligents (qui sont directement impliqués dans le développement de contrats intelligents) sont les trois principaux catégories de développeurs de blockchain. Prépare et maintient des contrats intelligents, ainsi que gère les problèmes qui surviennent pendant le fonctionnement du service blockchain). Les développeurs sont un groupe d'experts travaillant à développer régulièrement la structure et les fonctionnalités du réseau Blockchain pour le rendre plus utile.

LA CRYPTOMONNAIE DES INDUSTRIES PERTURBERA POUR 2022 ET AU-DELÀ

Andrew Grove (ancien PDG d'Intel) parle du "point d'inflexion" où la technologie affecte radicalement les secteurs du jour au lendemain dans son livre "Seuls les paranoïaques survivent : comment exploiter les points de crise qui défient chaque entreprise". Crypto fera de même, selon mes conclusions. Vous souvenez-vous de l'appareil photo Kodak ? Il était autrefois évalué à 31 milliards de dollars, mais ce n'est plus que l'ombre de lui-même.

INDUSTRIE DES ENVOIS DE FONDS

L'industrie des envois de fonds vaut 500 milliards de dollars. Chaque mois, les employés migrants transfèrent de l'argent à leurs proches dans leur pays d'origine, et ils comptent sur les entreprises pour renvoyer l'argent. Sur le marché des envois de fonds, des entreprises comme Western Union, MoneyGram et RIA prospèrent et, bien sûr, elles exigent des frais importants. Par exemple, si je voulais envoyer 5 000 $ au Mexique via Money Gram, cela coûterait 101 $ pour le faire. Quand vous y réfléchissez, cela ne devrait-il pas coûter le même prix que je transfère 10 $ ou 10 000 $ au Mexique ? Plus les frais sont élevés, plus je dépense d'argent. Quelles sont vos options ?

Ensuite, il y a la cryptographie. Il m'en coûterait 0,10 $ pour envoyer 500 $ USDT à un ami au Mexique. Combien cela me coûtera-t-il d'envoyer 5 000 $ à un ami au Mexique ? 0,10 $. (Oui, je me rends compte que convertir des USD en USDT coûte de l'argent, mais je ne parle que des frais d'envoi d'argent.)

Les travailleurs migrants semblent utiliser PAXFUL et d'autres échanges entre pairs pour éviter Western Union et MoneyGram à partir de 2022. Les entreprises héritées comme Western Union et MoneyGram feront faillite parce que le marché est intelligent et va vers tout ce qui a un sens financier (si elles ne parviennent pas à adopter et à réduire leurs frais de service). Je pense que dans 5 à 10 ans, les travailleurs migrants qualifiés utiliseront simplement l'USDT pour transférer de l'argent chez eux.

2. MICROFINANCIER FINANCIER

Savez-vous ce qui vous énerve ? Des frais sont facturés par les commerçants. C'est pourquoi, lorsque vous utilisez votre carte de crédit dans un dépanneur, un avis indique que "votre achat doit être supérieur à 10 $", car le propriétaire de l'entreprise doit payer des frais de 2,3 % pour chaque transaction. Une micro-transaction n'a pas de sens économique en raison des énormes frais généraux. Cependant, la crypto-monnaie a ouvert la voie à un monde de micro-transactions. Envisagez de payer une fraction de centime pour un achat de 10 $ au lieu de 2,3 %.

Avec des pièces stables, vous pouvez le faire dès maintenant. Une pièce stable est adossée à l'USD selon un ratio de 1:1. USDT, BUSD et PAX sont quelques-unes des pièces stables disponibles sur le marché.

Les devises stables, en revanche, permettent aux entreprises Internet de recevoir des paiements sans compromettre leurs marges bénéficiaires en raison du traitement des paiements. Au lieu d'une cotisation mensuelle de 10 $, un site de newsletter en ligne peut facturer aux consommateurs 0,10 $ pour chaque article vu. Autre exemple : vous aimez le football le lundi soir. Cependant, vous ne regardez qu'une fois par semaine et ne voulez pas payer 60 $ par mois pour un bouquet de câbles comprenant une variété de chaînes sportives. Au lieu de cela, vous pouvez payer le câblodistributeur 2 $ par heure de temps d'écoute et c'est tout.

Un exemple de microtransaction de crypto-monnaie :
Brave est un navigateur internet qui utilise la crypto-monnaie BAT (Basic Attention Token). Vous pouvez choisir de regarder la publicité si vous utilisez le navigateur Brave. Brave vous récompensera avec BAT, que vous pourrez échanger contre de l'argent si vous le faites. Cette approche me plaît parce qu'elle semble juste : l'entreprise vous fournit quelque chose en échange de la capture de vos données ou de votre attention. Parce que la crypto-monnaie évite les intermédiaires habituels (processeurs de paiement), elle permet d'économiser de l'argent pour les entreprises et les clients. Les entreprises adopteront les micro-transactions cryptographiques dans les années à venir, je pense, car la jeune génération est plus férue de technologie (et il y aura une demande du marché).

3. SECTEUR BANCAIRE

Envisagez de détenir 100 000 $ en espèces sur Internet sans recourir à une banque. Grâce aux pièces stables, vous pouvez le faire. Quelle est la définition d'une pièce stable? C'est une pièce qui est liée à une monnaie fiduciaire dans un rapport de 1:1. Vous pouvez échanger 1 USDT (pièce stable) contre 1 dollar fiduciaire, par exemple. De plus, il existe des pièces stables liées au yen, au yuan, à la livre, à l'euro et à d'autres devises.

Quels sont les avantages d'utiliser une pièce stable? Parce que la blockchain peut stocker 1 000 000 $ en monnaie fiduciaire. Disons que vous souhaitez envoyer 1 000 000 $ à l'international, sans vous engager auprès d'une banque, vous pouvez le faire en un clic. En 15 minutes ou moins, le million USDT sera livré à un autre portefeuille. Le seul inconvénient est que la somme d'argent que vous avez sur le réseau Ethereum peut être appréciée par n'importe qui. Est-il possible pour un développeur de créer une devise stable avec la confidentialité activée afin que personne d'autre ne puisse voir le solde de mon compte ? Ce serait fantastique.

Voulez-vous descendre plus loin dans le trou du lapin stable ? En savoir plus sur le jeton DAI, qui est soutenu par ETH et indexé sur le dollar américain 1: 1. C'est ahurissant pour moi. Sur Binance, vous pouvez demander un prêt et utiliser BTC comme garantie. Il y aura des milliards de personnes "non bancarisées" d'ici 2022. Au lieu de garder de l'argent sous le matelas, elles peuvent déposer leur argent en toute sécurité sur la blockchain grâce aux crypto-monnaies.

De plus, les Vénézuéliens peuvent stocker leur richesse en USDT pour éviter l'hyperinflation dans leur monnaie locale. Cela semble futuriste de devenir votre banque souveraine. Les gens des années 1980 ne vous croiraient pas si vous leur disiez cela. D'ici 2022, vous pourrez stocker votre crypto-fiat sur la blockchain.

SOIT VOUS SURVEILLEZ LA PERTURBATION, SOIT VOUS SEREZ LAISSÉ DERRIÈRE.

En termes de crypto-monnaies, je les envisage de perturber le secteur des envois de fonds, de modifier la publicité sur Internet grâce aux micro-paiements et de donner aux pauvres du monde les moyens de devenir leur banque. Les entreprises vont et viennent dans le monde des affaires, qui est impitoyable. Dans le secteur des entreprises, vous pouvez appeler cela un « processus évolutif ». Blockbuster, Kodak, Blackberry et Sears étaient autrefois considérés comme des "titans", mais leurs secteurs ont été perturbés par les nouvelles technologies, et les crypto-monnaies tueront ou transformeront bon nombre des anciennes industries héritées, donnant naissance à de nouvelles entreprises innovantes.

COMMENT PROFITER DE LA CRYPTOMONNAIE

Investir dans les crypto-monnaies semble être gratifiant et lucratif, avec des rendements rapides. Après tout, le bitcoin (BTC-USD) a atteint un creux de six mois à 5 000 $ à la mi-mars avant de rebondir à près de 9 400 $ cette semaine. En seulement trois mois, vous avez réalisé un bénéfice de près de 100 %. Cependant, les marchés de la cryptographie ont été terrifiés à la mi-mars à la suite de la nouvelle épidémie de coronavirus et de la fermeture des économies américaine et mondiale.

Parce que les investisseurs étaient préoccupés par la santé de l'économie et des gens, le prix du Bitcoin était si bas. Il est difficile, voire impossible, de déterminer le creux du marché. Le récent creux de mars est survenu après un sommet des prix de plus de 10 000 $ à la mi-février. Non seulement il est difficile de choisir une vallée d'investissement, mais cela nécessite également un niveau élevé de confiance en période d'incertitude. Contrairement aux actions et aux obligations, qui sont réglementées par le gouvernement américain, l'investissement en crypto-monnaie n'est pas réglementé. Il existe des milliers d'autres crypto-monnaies, mais les plus connues sont le bitcoin et l'Ethereum.

Bien que l'une des motivations pour acheter du bitcoin soit d'investir, il existe d'autres raisons de le faire :

- Il vous appartient et est utilisé de manière anonyme.
- Il peut être utilisé pour acheter des produits et des services.
- L'utilisation de la crypto-monnaie pour payer des choses pourrait vous faire économiser de l'argent sur les frais et les frais de transaction.
- Les transactions de crypto-monnaie sont rapides.

Investir dans les crypto-monnaies est risqué. Les prix sont extrêmement volatils et les dangers sont différents de ceux associés aux actifs traditionnels. Par exemple, la plupart des espèces numériques sont hébergées dans un portefeuille numérique, ce qui les rend vulnérables au vol par des pirates sophistiqués. Voici trois des meilleures méthodes pour investir dans les crypto-monnaies si vous êtes intéressé.

COMMENT INVESTIR DANS LES CRYPTOMONNAIES

La popularité des crypto-monnaies monte en flèche. Auparavant, ils attiraient un public assez spécifique, mais maintenant, tout le monde et leur grand-mère veulent apprendre à investir. Il est peu probable que vous manquiez un reportage sur le dernier prix du Bitcoin ou que vous rencontriez des conseils financiers sur les réseaux sociaux.

Et l'expansion ne montre aucun signe de ralentissement. L'industrie mondiale de la crypto-monnaie valait 332 millions de dollars en 2017, est passée à 3,67 milliards de dollars en 2020 et devrait atteindre 394,60 milliards de dollars d'ici 2028. (Grandviewresearch.com).

Alors qu'est-ce que tout cela signifie? Faut-il participer ? Quelle est la meilleure façon de commencer à investir dans les crypto-monnaies ?

Ce guide du trading de crypto-monnaie est pour vous si vous souhaitez en savoir plus sur les crypto-monnaies, y compris ce qu'elles sont, comment elles fonctionnent et comment investir dans celles-ci. Continuez à lire pour savoir comment cela fonctionne, quelles sont vos alternatives et comment investir dans l'argent numérique de la manière la meilleure et la plus sûre possible.

Bien que la décision d'investir dans les crypto-monnaies vous appartienne en fin de compte, nous espérons qu'après avoir lu ce guide, vous vous sentirez plus informé, autonome et confiant que vous avez tout ce dont vous avez besoin pour commencer.

QUELLE EST LA DIFFÉRENCE ENTRE LES CRYPTOMONNAIES ET L'ARGENT FIAT ?

Le gouvernement émet de la monnaie fiduciaire, comme le dollar américain (USD) ou canadien (CAD), ce qui signifie qu'il dispose d'une autorité centrale qui contrôle sa valeur, ses taux d'intérêt et son offre (combien est en circulation). Beaucoup de gens voient ce niveau de la participation du gouvernement aux mécanismes du marché libre comme une manipulation et une tentative désuète (et sans espoir) de contrôler un système économique vaste et compliqué. Au mieux, c'est un objectif noble ; au pire, c'est un moteur d'hyperinflation, rendant l'accumulation de richesse extrêmement impossible pour la personne moyenne.

Les crypto-monnaies, en revanche, sont décentralisées, sans autorité centrale supervisant les transactions. De nombreuses personnes y voient un avantage significatif par rapport à l'argent traditionnel, car cela leur permet de conserver un contrôle total sur leurs biens.

INVESTIR DANS LA CRYPTOMONNAIE

Avant d'aborder la façon d'investir dans les crypto-monnaies, il est crucial de reconnaître qu'il existe de bonnes et de mauvaises raisons de s'impliquer. N'oubliez pas que pour chaque personne qui a fait fortune en échangeant Bitcoin du jour au lendemain, il y a quelqu'un qui a perdu les économies de toute sa vie, donc l'investissement en crypto-monnaie peut ne pas être pour vous si vous n'êtes pas disposé ou capable de tolérer des investissements à haut risque et extrêmement volatils avec le potentiel de gains et de pertes élevés.

Cependant, si vous êtes vraiment intéressé par la façon dont les crypto-monnaies peuvent changer à jamais la façon dont nous traitons l'argent et que vous êtes prêt à comprendre et à gérer le risque, continuez à lire.

POURQUOI INVESTIR DANS LA CRYPTOMONNAIE ?

1. Vous pensez que les crypto-monnaies sont la voie de l'avenir et qu'elles remplaceront à terme la monnaie fiduciaire traditionnelle ; si cela se produit, vous voulez être bien informé, préparé et expérimenté.

2. Vous êtes d'accord avec la vision sociétale des crypto-monnaies, à savoir que la monnaie doit être décentralisée et entièrement contrôlée par les personnes qui l'utilisent.

3. Vous avez une bonne compréhension du fonctionnement de la technologie blockchain et appréciez la nature peer-to-peer des transactions, ainsi que leur sécurité et leur confidentialité.

INVESTIR DANS LA CRYPTOMONNAIE : EST-CE UNE BONNE IDÉE ?

Les marchés de crypto-monnaie sont nettement plus volatils que les bourses. Parce que les crypto-monnaies ont moins de liquidités et une plus grande spéculation que les marchés financiers traditionnels, leur valeur peut fluctuer de 30 % ou plus en une seule journée. De plus, les échanges cryptographiques sont ouverts aux transactions 24 heures sur 24, 365 jours par an. Contrairement au NASDAQ ou au LSE, il n'y a pas de soirée ni de week-end de congé.

Si vous avez beaucoup entendu parler des crypto-monnaies ces derniers temps, vous pensez peut-être que c'est un moyen intelligent de gagner rapidement de l'argent. Cependant, si vous sautez simplement dans le train en marche sans vous renseigner sur le fonctionnement de la technologie et du marché, vous risquez de perdre de l'argent.

Prenez, par exemple, Bitcoin, le premier et de loin le plus populaire des actifs cryptographiques. Des millions de dollars ont été gagnés par les premiers investisseurs de Bitcoin. Le prix du Bitcoin est passé de 7 000 USD en avril 2020 à plus de 60 000 USD en avril 2021 en un an seulement ! Considérez combien d'argent ceux qui ont acheté Bitcoin en 2013, alors qu'il ne valait que 100 $, ont gagné.

Même si cela semble excitant, c'est loin d'être l'histoire complète. Examinez l'ensemble du graphique, qui décrit les variations de prix de Bitcoin d'octobre 2013 à fin mai 2021. Ce n'est pas une ascension simple.

Le prix du bitcoin est passé de 18 000 $ en décembre 2017 à 3 000 $ en décembre 2018. Et voici une baisse encore plus rapide : si vous faisiez partie de ceux qui étaient enthousiasmés par toute la hausse de Bitcoin au début de 2021, vous l'auriez vu chuter de 64 000 $ en avril à 35 000 $ en mai 2021, seulement un mois plus tard.

Le fait est qu'à court terme, les prix des crypto-monnaies peuvent être extrêmement volatils et impossibles à anticiper. Une annonce d'une grande entreprise ou un tweet d'Elon Musk suffit pour que la valeur de la devise augmente ou s'effondre en quelques heures.

Y A-T-IL UN TEMPS APPROPRIÉ POUR ACHETER ?

Lorsqu'il s'agit d'acheter des crypto-monnaies, il n'y a pas de règles strictes et rapides. Ce n'est généralement pas une bonne idée d'investir au sommet d'une bulle, et ce n'est pas non plus une bonne idée d'investir lorsque les prix baissent. Comme la sagesse du commerçant conseille de ne jamais attraper un couteau qui tombe. Lorsque le prix reste stable à un niveau bas, cela peut être le moment idéal pour investir.

L'art du trading de crypto-monnaie est un sujet important en soi, et détecter quand une crypto-monnaie est dans une bulle et quand elle a atteint un creux local après un effondrement est loin d'être précis. Rétrospectivement, ce qui est simple à exprimer est une question difficile à répondre dans le présent. Lorsqu'une pièce commence à monter et franchit une ligne critique de résistance historique, beaucoup pensent qu'elle approche du sommet d'une bulle, le véritable rallye commence.

Beaucoup de gens, par exemple, n'ont pas acquis Bitcoin ou Ether à 1 000 $ ou 100 $ parce qu'ils semblaient surévalués. Cependant, des années plus tard, cette tarification semble être une opportunité unique qui ne se reproduira jamais sur le marché. Bien qu'il ne s'agisse pas de conseils financiers, voici quelques suggestions générales pour vous aider à déterminer quand investir :

- Ne commettez pas l'erreur d'assimiler les bulles cryptographiques aux bulles financières ordinaires. La volatilité quotidienne du bitcoin pourrait facilement être une augmentation de prix de 10% ou déclin. Une hausse de 100 % peut être le début d'une bulle, mais ce n'est souvent que le début. Dans la plupart des cas, une augmentation de 1 000 % est une bulle, mais il n'y a aucune certitude qu'elle éclatera.
- N'achetez pas juste parce que le marché a chuté. Prenez le temps d'examiner les conditions changeantes au cas où il y en aurait une autre.

- N'achetez pas parce que vous craignez que le prix ne monte en flèche demain. Rassemblez des informations et adhérez lorsque vous croyez fermement en votre point d'entrée.
- Ne soyez pas la proie des « mains en papier » ou de la vente réactive. Vendre trop tôt peut compromettre votre stratégie et détruire votre retour sur investissement. Tenir. Diamond Hands est un type de main qui est fait de diamants. La révolution monétaire vient de commencer.

Comment stocker des crypto-monnaies ?

Alors, maintenant que vous avez acheté votre crypto-monnaie, où devriez-vous les conserver ? Aujourd'hui, les échanges centralisés sont beaucoup plus fiables, sûrs et (surtout) assurés qu'ils ne l'étaient il y a quelques années à peine. La plupart des investisseurs individuels sont plus que disposés à confier leurs avoirs à un échange centralisé de crypto-monnaie comme Binance ou Coinbase. Et, étant donné que l'acceptation de la cryptographie en est encore à ses débuts, il s'agit de l'approche la plus simple.

Si vous êtes plus prudent et méfiant envers les systèmes de garde centralisés, il existe plusieurs choix de portefeuilles cryptographiques avec une variété de fonctionnalités et de compromis disponibles. Si vous souhaitez souligner ce qui est disponible, consultez notre Guide complet du portefeuille de crypto-monnaie : un didacticiel pas à pas.

PORTEFEUILLES FROID VS. PORTEFEUILLES CHAUDS

Regardons un scénario du monde réel pour vous aider à comprendre la différence fondamentale entre les deux. Le stockage à chaud est similaire aux portefeuilles que vous gardez dans votre poche. Le stockage à froid est similaire à un compte d'épargne. Gardez cette distinction à l'esprit au fur et à mesure que nous avançons. Si vous souhaitez utiliser régulièrement votre argent numérique, vous devez le conserver dans un stockage à chaud. Le stockage à froid, en revanche, est nécessaire si vous souhaitez conserver votre argent pendant une période prolongée.

PORTEFEUILLE/STOCKAGE CHAUD

En termes simples, le stockage à chaud consiste à conserver votre bitcoin sur un appareil directement lié à Internet. Cette connexion est ce qui fait qu'un appareil devient "chaud".

Les portefeuilles d'échange, les clients de bureau et les portefeuilles mobiles (tout portefeuille résidant sur un appareil qui se connectera un jour à Internet) doivent tous être considérés comme des portefeuilles dynamiques. Un portefeuille chaud facilite l'accès aux espèces, et si vous vivez dans un endroit qui accepte les cryptos pour les micropaiements, il n'y a rien de mal à en utiliser un pour les dépenses quotidiennes. Considérez-le comme une monnaie fiduciaire (émise par le gouvernement). Tu peux transporter une fraction de votre patrimoine dans votre portefeuille pour plus de commodité, mais la majorité est conservée en lieu sûr. Votre hot wallet devrait fonctionner de la même manière qu'un portefeuille physique. Vous y emportez une petite quantité d'argent liquide pour plus de commodité. C'est ça.

Bien que les transactions à l'aide de portefeuilles chauds soient relativement simples, elles présentent un inconvénient important. Ils sont facilement exploitables. L'ensemble de l'espace crypto a soudainement pris beaucoup de valeur, et là où il y a de la richesse, la criminalité n'est jamais loin derrière. Les attaques récentes de rançongiciels et les piratages antérieurs d'échanges importants devraient suffire à attirer de nouveaux arrivants.

Même si vous ne stockerez pas beaucoup de valeur sur votre portefeuille actif, vous devez suivre les instructions de sauvegarde dans la section de restauration du portefeuille pour éviter de perdre des fonds en raison d'erreurs humaines. Vous devriez pouvoir restaurer n'importe quel portefeuille avec votre clé privée et votre phrase de départ intactes.

Avantages du stockage à chaud

- Accès facile aux fonds.
- Une pléthore d'options, ainsi que la prise en charge d'une variété d'appareils.
- La simplicité de transmission et de réception est rendue possible par des interfaces conviviales.

Les inconvénients du stockage à chaud

- Sensible à la cybercriminalité Les pirates, ransomwares et autres acteurs nuisibles constituent une menace persistante.
- Des dommages à l'appareil peuvent entraîner la destruction du portefeuille. Vous pourriez perdre votre investissement en crypto-monnaie si vous ne sauvegardez pas soigneusement vos clés privées et vos mots clés.

- Vous pourriez encore avoir égaré/endommagé/volé les détails de la restauration.

Examinons maintenant les nombreux types de portefeuilles de stockage à chaud disponibles.

- Portefeuilles en ligne (également appelés portefeuilles cloud)
- Portefeuilles pour téléphones intelligents
- Portefeuilles pour ordinateur de bureau
- Portefeuilles multisignatures

PORTEFEUILLES POUR TEMPS FROID/RANGEMENT

Le stockage à froid consiste à conserver votre monnaie numérique sur un appareil complètement hors ligne. Les portefeuilles froids sont la meilleure option pour les personnes à la recherche du type de stockage le plus sécurisé. Ceux-ci conviennent mieux aux investisseurs à long terme qui n'ont pas besoin d'accéder à leurs pièces pendant des mois ou des années à la fois.

Ils ne sont pas sans risques, mais si vous suivez correctement les instructions et prenez toutes les précautions nécessaires, ceux-ci sont considérablement réduits. En raison de l'attention que le bitcoin a reçue ces dernières années, il a malheureusement attiré la curiosité des attaquants. À la lumière de cela, le stockage à froid est une alternative beaucoup plus sûre pour stocker votre argent.

CoinBase, une entreprise de portefeuille et d'échange de bitcoins basée à San Francisco, conserve 97% de ses réserves de pièces dans des portefeuilles matériels et papier. Quelle est la différence entre les portefeuilles matériels et papier ? Vous le saurez en un clin d'œil. Pour le moment, considérez les avantages et les inconvénients de la chambre froide :

Avantages de la chambre froide :

- Un endroit fantastique pour conserver de grandes quantités de pièces pendant une longue période.
- Parce qu'il est entièrement hors ligne, il fournit un filet de sécurité contre les pirates et ceux qui ont des intentions nuisibles.

Les inconvénients du stockage à froid :

- Il est toujours vulnérable aux dommages externes, au vol et à la négligence humaine de base.
- Il n'est pas adapté aux transactions rapides et fréquentes.
- Pour les novices, sa mise en place peut être un peu effrayante.

Maintenant que nous avons discuté des avantages et des inconvénients, examinons plusieurs portefeuilles de stockage à froid que vous pouvez utiliser pour conserver votre argent.

PORTEFEUILLES EN MÉTAL

Les portefeuilles matériels sont de véritables appareils qui stockent la crypto-monnaie. Ils viennent dans une variété de formes et de tailles, mais le plus courant est le format de clé USB, comme le montre la série Nano Ledger. Même si beaucoup de gens ne jurent que par eux, les portefeuilles matériels sont néanmoins vulnérables aux compromis. Pour commencer, vous êtes convaincu que la société qui a créé votre portefeuille n'a pas enregistré toutes les clés privées pour effectuer des raids sur les portefeuilles à l'avenir. Cela est vrai pour les portefeuilles matériels achetés directement auprès de l'entreprise, mais c'est particulièrement vrai pour les portefeuilles matériels d'occasion. En aucun cas si quelqu'un utilise un portefeuille matériel précédemment possédé.

Bien que la perte ou les dommages puissent être désastreux pour ceux qui ne sont pas préparés, les portefeuilles matériels peuvent être récupérés. Par conséquent, la sauvegarde de votre portefeuille matériel est tout aussi vitale que la sauvegarde de vos portefeuilles chauds Internet. Vous devez conserver les détails de la restauration dans un emplacement sécurisé auquel seuls vous et toute personne à qui vous avez l'intention de laisser l'argent auront accès. N'oubliez pas de garder vos détails de restauration à portée de main lors de l'ouverture du portefeuille. Considérez avec qui vous les partagerez (le cas échéant). Il est également essentiel que vous déplaciez tout votre argent vers un nouveau portefeuille au cas où quelque chose de mal se produirait entre vous et toute autre personne ayant accès à vos clés privées (conjoint, etc.)

Voici quelques portefeuilles matériels à considérer :

- Le grand livre Nano X
- Trezor
- Keepkey.

PORTEFEUILLES EN PAPIER POUR LA PROTECTION

L'utilisation d'un portefeuille papier est sans aucun doute le moyen le plus sûr de conserver une crypto-monnaie. Vous pouvez en configurer un entièrement gratuitement si vous suivez les instructions ci-dessous. Cela fait de vous le maître de votre investissement, et si des mesures sont prises, il n'y a aucun moyen pour que vos clés privées soient connues de qui que ce soit. En tenir compte est, bien sûr, beaucoup plus nécessaire. Si vous perdez vos clés privées, vous perdrez tout le contenu de votre portefeuille papier (mais cela est vrai pour tous les portefeuilles).

QU'EST-CE QU'UN PORTEFEUILLE EN PAPIER ?

Pour le dire simplement, les portefeuilles en papier sont un type de stockage à froid hors ligne pour les crypto-monnaies. Il s'agit d'imprimer vos clés publiques et privées sur papier, que vous enregistrez et conservez ensuite dans un endroit sécurisé. Les clés sont imprimées sous forme de codes QR que vous pourrez scanner à l'avenir pour toutes vos transactions. Il est tellement sécurisé car il vous offre, à vous l'utilisateur, un contrôle total. Vous n'avez pas à vous soucier de la sécurité d'un matériel, ni à vous soucier des pirates ou des logiciels malveillants. Vous n'avez qu'à vous occuper d'un morceau de papier.

UN PORTEFEUILLE EN PAPIER EST-IL NÉCESSAIRE ?

La réponse à cette question sera fortement influencée par votre situation. Peut-être que vous ne voulez pas passer votre journée d'été à échanger quelques crypto-monnaies. Alternativement, si vous êtes là pour le long terme et que vous n'avez pas l'intention de toucher à votre argent, un portefeuille en papier est l'alternative la plus sûre. Voici quelques exemples de portefeuilles en papier :

- Vous pouvez utiliser Wallet Generator pour générer du Bitcoin, du Litecoin, du Dogecoin et d'autres crypto-monnaies.
- Mon portefeuille Ethereum peut être utilisé pour stocker des jetons Ethereum et ERC20.

DOIS-JE FAIRE DE LA CRYPTO ET DES TAXES ?

Il n'y a maintenant que quelques conseillers fiscaux qui comprennent comment gérer la crypto-monnaie. Cependant, on peut raisonnablement s'attendre à ce que le nombre augmente rapidement et que les crypto-monnaies soient bientôt une préoccupation normale pour les fiscalistes au même titre que les actions, les actions, les ETF et les successions.

Tout ce que nous pouvons faire ici est de présenter un aperçu des préoccupations communes associées à la crypto-monnaie et à la fiscalité.

Il n'y a pas de repas gratuits. À l'exception de la mort et des impôts, rien n'est certain, et la crypto ne fait pas exception. Si vous gagnez de l'argent en investissant dans des crypto-monnaies, vous devrez presque certainement payer des impôts. Les déclarations fiscales sur les investissements en crypto-monnaie sont déterminées par la législation fiscale régionale et nationale.

Les crypto-monnaies sont exemptes de TVA dans presque toutes les juridictions du monde. Lors de la vente de Bitcoin, vous n'avez pas besoin de payer la TVA, comme vous le faites avec tout autre produit financier. Les autorités fiscales de Pologne, d'Estonie, d'Allemagne, d'Australie et de Suède ont proposé de percevoir la TVA sur les achats de crypto-monnaie, mais depuis que la Cour européenne a annulé cette décision importante, la TVA sur Bitcoin semble avoir disparu.

Une autre bonne nouvelle est que dans certaines juridictions, vous n'êtes pas tenu de payer des impôts. Étonnamment, l'Allemagne, pays reconnu pour avoir des taux d'imposition extrêmement élevés, est devenu un paradis fiscal pour la crypto-monnaie. L'Allemagne, comme les États-Unis et de nombreux autres pays, considère le Bitcoin comme une propriété plutôt que comme une marchandise financière. Cela implique que si vous gagnez de l'argent en l'échangeant, vous ne payez pas d'impôt forfaitaire sur les revenus financiers - comme les intérêts sur un compte bancaire - mais vous devez imposer le bénéfice de l'achat et de la vente de crypto-monnaies en tant que revenu.

Il s'agit plus d'une vente de votre maison que d'une sécurité. Vous avez acquis dix Bitcoins pour 1 000 $ et les avez revendus pour 2 000 $? Votre revenu imposable a augmenté de 10 000 euros. Vous avez payé 100 euros pour un bitcoin et commandé une pizza à 10 euros alors que le prix était de 1 000 euros ? Vos revenus ont augmenté de 9 euros. Dans la plupart des cas, cela est imposé à un taux plus élevé que les gains financiers.

Il y a cependant une échappatoire. Si vous conservez vos pièces plus d'un an, vous n'aurez pas à payer de taxes lorsque vous les revendrez. Cette restriction a été établie pour décourager le day trading d'autres actifs tout en motivant les détenteurs à maintenir la stabilité des prix. Il a désigné l'Allemagne, ainsi que les Pays-Bas, qui suivent la même réglementation, comme paradis fiscaux pour la crypto-monnaie. Certains pays peuvent avoir des réglementations similaires. Si vous n'êtes pas sûr, consultez votre fiscaliste.

Un problème avec la limite d'un an est que vous devez démontrer que vous avez détenu la crypto-monnaie pendant cette période. Les échanges peuvent généralement vous aider avec des impressions de votre historique commercial. Vous pouvez également utiliser la blockchain publique comme preuve de stockage. La plupart des crypto-monnaies indiquent clairement quand les pièces sont reçues et dépensées par une adresse spécifique.

Mais pas dans tous les cas. Monero, par exemple, utilise des signatures en anneau et des transactions confidentielles, qui sont toutes deux d'excellentes techniques pour maintenir l'anonymat. L'inconvénient est qu'ils rendent presque impossible d'établir que vous avez des pièces depuis plus d'un an. Vous en tenez peut-être compte lorsque vous sélectionnez des pièces pour votre portefeuille.

COMMENT INVESTIR DANS LA CRYPTOMONNAIE EN CONCLUSION

Taxer Bitcoin est possible si vous utilisez un bon échange et tenez un compte de vos transactions, mais c'est aussi difficile. Vous devez calculer chaque profit, pas seulement du trading de bitcoins, mais également d'utiliser des Bitcoins pour payer des biens et des services. Mais ce n'est que le début. En ce qui concerne les Altcoins, les choses deviennent un cauchemar alambiqué. À des fins fiscales, un Altcoin est traité de la même manière que Bitcoin. Dans la plupart des pays, cela signifie qu'il s'agit d'une propriété plutôt que d'un produit financier. Si vous l'achetez avec du Bitcoin et que vous le revendez pour du Bitcoin, vous devez taxer la différence en dollars ou votre monnaie papier nationale, pas en Bitcoin. Cela signifie que vous devez non seulement garder une trace de toutes vos transactions Altcoin, mais vous devez également tenir compte du prix du Bitcoin lors de l'achat et de la vente.

Les choses deviennent incroyablement compliquées à cause de cela. Vous pouvez faire un échange terrible qui aboutit à recevoir moins de Bitcoin que vous n'avez investi tout en étant imposé si le prix du Bitcoin augmente entre vos échanges. Vous avez donc perdu de l'argent dans le trading de bitcoins, mais vous devez maintenant payer des impôts dessus.

Vous devez accepter le fait que les crypto-monnaies sont nouvelles et que vous n'êtes pas un spécialiste des relations avec vos autorités financières pour le moment. Choisissez un conseiller fiscal, éduquez-le sur la crypto-monnaie et préparez-vous à converser avec les autorités financières perplexes.

Token, ETF ou action : quel devrait être votre support d'exposition cryptographique ?

Bien que ce ne soit pas le cas pour les jetons moins importants et plus jeunes, vous pouvez investir dans les principales crypto-monnaies via plusieurs classes d'actifs.

La crypto-monnaie est l'une des classes d'actifs d'investissement les plus intrigantes disponibles pour les investisseurs du monde entier. Néanmoins, il comporte certains dangers inhérents ainsi qu'un niveau de volatilité supérieur à celui avec lequel la plupart des investisseurs traditionnels sont à l'aise.

Et, si vous êtes prêt à les dépasser et que vous souhaitez investir dans cet actif florissant, il peut être difficile de choisir dans quoi investir. Le pari le plus sûr est de rester avec les deux mastodontes. Lorsque vous investissez dans l'un des deux principaux, vous bénéficiez également de nombreuses "options".

INVESTIR DIRECTEMENT DANS LA CRYPTO

Ethereum (CRYPTO : ETH) est la deuxième plus grande crypto-monnaie au monde en termes de capitalisation boursière et l'une des crypto-monnaies les plus connues. La blockchain Ethereum est la blockchain la plus utilisée au monde, notamment pour les contrats intelligents. Il augmente également en raison du marché secondaire des NFT, rendant la présence d'Ethereum encore plus omniprésente que celle de Bitcoin.

En ce qui concerne les jetons Ethereum en tant qu'actif financier, cependant, ils suivent la plus grande crypto dans les tendances à la fois à la baisse et à la hausse. Et, si vous souhaitez investir dans Ethereum pour la vague de reprise actuelle ou en tant que détention à long terme, vous devez être conscient des restrictions de la classe d'actifs. L'exposition directe présente le niveau de volatilité le plus élevé et ne peut être détenue dans un REER ou un CELI. Il n'y a donc aucun avantage fiscal.

PARTICIPER AU CRYPTO ETF

Les ETF Crypto vous permettent de conserver la "pureté" de votre investissement tout en vous permettant de le stocker dans l'un des deux comptes à l'abri de l'impôt. Le FNB CI Galaxy Ethereum couvert en CAD (TSX: ETH.B) existe depuis l'année dernière et a maintenant un actif net de plus de 532 millions de dollars. Le fonds a 99,9% de ses actifs investis dans Ethereum.

Cependant, un ETF comporte plusieurs mises en garde, dont la plus notable est le ratio des frais de gestion (RFG), qui est maintenant à 0,89 %, ce qui est nettement supérieur à ce qui est typique pour les ETF en général.

La deuxième restriction la plus évidente de l'ETF est qu'il peut ne pas fournir le même niveau de croissance que l'actif sous-jacent. Au cours de la dernière année, la crypto-monnaie elle-même a grimpé de 185 % (du plus bas au plus élevé), tandis que l'ETF n'a augmenté que d'environ 103 %.

INVESTIR DANS L'ACTION BITCOIN

HIVE Blockchain (TSXV : HIVE) (NASDAQ : HVBT) est un bon exemple de stock de crypto-monnaie. Il s'agit d'un mineur de crypto-monnaie coté en bourse et l'un des rares à exploiter activement Ethereum aux côtés de Bitcoin. Le portefeuille opérationnel de la société est géographiquement diversifié, avec des sites au Canada, en Suède et en Islande. Il se concentre également sur les énergies renouvelables à faible coût, ce qui augmente la rentabilité nette et élimine toute préoccupation environnementale associée à l'extraction de crypto.

Le principal avantage d'investir dans une action axée sur Ethereum plutôt que directement dans l'actif est que vous pouvez le placer dans votre REER ou votre CELI et bénéficier des avantages fiscaux qu'ils procurent. Cependant, il y a une autre raison pour laquelle vous préféreriez les actions à un jeton crypto : une croissance retardée. Le stock peut suivre le cycle de croissance de la crypto, donc si vous manquez d'acheter la crypto au bon moment, vous pouvez toujours bénéficier d'une croissance similaire en achetant le stock.

À EMPORTER

Même si de nombreux actifs cryptographiques ont démontré leur valeur à long terme, de plus en plus de personnes s'intéressent à leur potentiel de croissance à court terme. Cependant, le traitement fiscal des investissements à court terme doit être pris en compte, en particulier si vous investissez dans des jetons cryptographiques plutôt que dans des ETF ou des actions technologiques cryptographiques qui peuvent être placées dans des comptes à l'abri de l'impôt.

Est-ce une bonne idée de mettre 1 000 $ dans Ethereum ? Nous pensons que vous voudrez entendre cela avant d'envisager Ethereum. Notre équipe de conseillers en actions du Canada qui double le marché S&P/TSX vient d'annoncer ses dix principales actions de départ pour 2022, ce qui, selon nous, pourrait être un bon point de départ pour tout portefeuille. Voulez-vous savoir si Ethereum a fait notre liste ? Joignez-vous à Stock Advisor Canada dès aujourd'hui pour recevoir nos dix actions de départ, une mine de trésors remplie de rapports de l'industrie, deux nouvelles recommandations d'actions chaque mois et bien plus encore.

QU'EST-CE QU'UN NFT ? EXPLIQUÉ : JETONS NON FONGIBLES

Les jetons non fongibles, ou NFT, sont le dernier engouement pour les crypto-monnaies à avoir atteint le grand public. Et, après que la maison de vente aux enchères Christie's ait vendu la toute première œuvre d'art NFT – un collage d'images de l'artiste numérique Beeple – pour la somme étonnante de 69,3 millions de dollars, les NFT ont attiré l'attention du monde.

ALORS, QUE SONT EXACTEMENT LES NFTS ?

En un mot, les NFT convertissent les œuvres d'art numériques et autres objets de valeur en actifs uniques et vérifiables qui peuvent être échangés sur la blockchain. Bien que cela puisse être difficile à comprendre pour le profane, le retour sur investissement a été énorme pour de nombreux artistes, musiciens, influenceurs, etc., les investisseurs payant le gros prix pour acheter des versions NFT d'images numériques. Par exemple, le premier tweet de Jack Dorsey s'est vendu 2,9 millions de dollars, un clip vidéo d'un slam dunk de LeBron James s'est vendu à plus de 200 000 dollars et un GIF "Nyan Cat" de dix ans s'est vendu 600 000 dollars.

Les NFT, en revanche, ne sont pas tout à fait nouveaux. CryptoKitties, un jeu de trading numérique sur la plate-forme de crypto-monnaie Ethereum, a été l'un des premiers NFT, permettant aux gens d'acheter et de vendre des chats virtuels uniques stockés sur la blockchain. Alors, quel est le problème avec l'engouement NFT en ce moment ?

D'autres sont intrigués par l'idée de revendiquer la propriété d'un actif numérique que n'importe qui peut copier. Les récents records de prix pour les NFT semblent avoir été principalement tirés par des crypto millionnaires et des milliardaires nouvellement créés qui cherchent à diversifier leurs avoirs en bitcoins et à mieux comprendre l'écosystème crypto. Voici ce que vous devez savoir d'autre :

QU'EST-CE QUE LE NFTS EXACTEMENT ?

Les jetons non fongibles, ou NFT, sont des actifs numériques liés à la blockchain, la base de données numérique qui sous-tend les crypto-monnaies telles que le bitcoin et l'Ethereum. Contrairement aux NFT, ces actifs sont fongibles, ce qui signifie qu'ils peuvent être remplacés ou échangés contre un autre identique de même valeur, semblable à un billet d'un dollar.

Les NFT, en revanche, sont uniques et non interchangeables, ce qui signifie qu'il n'y a pas deux NFT identiques.

Considérez les cartes Pokémon, les pièces rares ou une paire de Jordans en édition limitée : les NFT créent une rareté au milieu d'actifs autrement disponibles à l'infini - et il existe même un certificat d'authenticité pour le prouver. Les NFT sont généralement utilisés pour acheter et vendre des œuvres d'art numériques, qui peuvent inclure des GIF, des tweets, des cartes à échanger virtuelles, des images d'objets physiques, des skins de jeux vidéo, des biens immobiliers virtuels et d'autres formats.

COMMENT ACHETER NFTS

Essentiellement, toute image numérique peut être achetée en tant que NFT. Mais il y a quelques points à considérer lors de l'achat d'un, surtout si vous êtes un débutant. Vous devrez décider sur quel marché acheter, quel type de portefeuille numérique est nécessaire pour le stocker et de quel type de crypto-monnaie vous aurez besoin pour conclure la vente.

Certains des marchés NFT les plus courants incluent OpenSea, Mintable, Nifty Gateway et Raible. Il existe également des marchés spécialisés pour des formes plus spécifiques de NFT, tels que NBA Top Shot pour les extraits vidéo de basket-ball ou des objets de valeur pour la vente aux enchères de tweets tels que Dorsey's actuellement en lice.

Cependant, soyez conscient des coûts. Certaines places de marché imposent un coût « gaz », qui représente la quantité d'énergie nécessaire pour effectuer une transaction sur la blockchain. D'autres frais peuvent inclure le coût du transfert de dollars vers Ethereum (la devise la plus généralement utilisée pour acheter des NFT) ainsi que les frais de clôture.

COMMENT VENDEZ-VOUS NFTS?

Les NFT sont également vendus sur les marchés, et le processus varie selon la plateforme. Essentiellement, vous publierez votre travail sur un marché, puis suivrez les procédures pour le convertir en NFT. Vous pourrez proposer des spécifications telles qu'une description de travail et un prix suggéré. La majorité des NFT sont acquis avec Ethereum, mais ils peuvent également être achetés avec d'autres jetons ERC-20 tels que WAX et Flow.

COMMENT FAIRE UN NFT ?

Un NFT peut être créé par n'importe qui. Tout ce dont vous avez besoin est un portefeuille numérique, une quantité modeste d'Ethereum et un accès à un marché NFT où vous pouvez télécharger et convertir votre travail en un NFT ou un art cryptographique. La plupart des gens commencent leur parcours cryptographique en ouvrant un compte avec un échange tel que Luno, VALR ou AltCoinTrader et en achetant une petite quantité de Bitcoin (BTC) et éventuellement de la crypto-monnaie Ethereum (ETH).

Comprenez qu'il s'agit d'investissements risqués et que vous ne devez investir que l'argent que vous êtes prêt à perdre.

Cela dit, des millions de personnes à travers le monde sont prêtes à prendre les risques et ont commencé à expérimenter les cryptos. Voici quelques recommandations pour aider les premiers acheteurs de crypto-monnaie sur leur chemin.

1. **COMMENCEZ PAR LA PREMIÈRE ÉTAPE.**

Le proverbe chinois traditionnel "le voyage de mille kilomètres commence par un pas" s'applique à l'investissement en crypto-monnaie. Faites cet investissement initial, même s'il ne s'agit que de 200 rands. En vous donnant une certaine exposition au marché, même si elle est minime, vous commencerez à surveiller la performance de l'investissement. Être sur le marché est la meilleure approche pour améliorer votre expertise et votre compréhension d'un investissement. Bien sûr, personne ne devient un expert du jour au lendemain (et méfiez-vous de ceux qui prétendent qu'ils le sont). Cela prend du temps et un apprentissage continu, que vous ne commencerez qu'une fois que vous aurez pris l'engagement initial.

2. NE PAS REPORTER

Les crypto-monnaies sont beaucoup plus volatiles que les investissements traditionnels. Cela fait partie de leur attrait, car la volatilité peut contribuer à de meilleurs rendements pour un portefeuille d'investissement, mais elle rend également le timing d'un investissement difficile, voire impossible.

Cela est vrai pour la grande majorité des places de marché. Si vous craignez que le marché ne s'effondre lorsque vous y entrez, décidez du montant total que vous souhaitez investir, puis investissez 10 % de ce montant chaque semaine ou chaque mois jusqu'à ce que votre allocation soit investie. Cette méthode, connue sous le nom de moyenne du coût en dollars, réduira sans aucun doute votre risque si le marché chute et vous permettra de mieux comprendre les subtilités quotidiennes du trading.

3. ÉVITEZ DE METTRE TOUS VOS OEUFS DANS LE MÊME PANIER.

Les crypto-monnaies sont classées comme un "investissement plus risqué" dans le portefeuille d'un investisseur en raison de leur volatilité. Par conséquent, les investisseurs doivent être conscients que le profil de risque est élevé et que l'allocation doit être limitée à quelques pour cent. Cependant, un risque élevé peut entraîner de gros gains (comme avec le bitcoin au fil des ans). Vous pouvez bénéficier de l'acceptation croissante de cette nouvelle technologie en diversifiant votre portefeuille de crypto-monnaie plutôt que de parier sur une seule crypto-monnaie. Menez votre étude pour déterminer quelles pièces ont un cas d'investissement convaincant. Le bitcoin n'est pas la seule crypto-monnaie.

4. INVESTISSEMENT À LONG TERME

Si vous regardez tous les graphiques des cinq dernières années, vous remarquerez que les investisseurs qui ont conservé leurs investissements en crypto-monnaie pendant plus de cinq ans ont tous réalisé de bons bénéfices à long terme. Cela signifie que vous devez résister à l'impulsion de vendre ce que vous avez impulsivement si le marché chute. Conserver votre investissement pendant une période prolongée est également un excellent moyen de lutter contre la volatilité. Alors que les plus grandes crypto-monnaies peuvent augmenter ou baisser de 5% à 20% un jour donné, la tendance à long terme est à la hausse.

5. SÉCURITÉ

En raison de la prolifération des services bancaires en ligne et des applications bancaires, la plupart des consommateurs sont beaucoup plus préoccupés par la sécurité en ligne qu'ils ne l'étaient il y a quelques années. C'est encore plus critique lorsqu'il s'agit de trading de bitcoins. Assurez-vous que les applications de trading et les portefeuilles numériques que vous utilisez disposent d'une authentification à deux ou même trois facteurs et ne réutilisez pas les mots de passe que vous avez déjà utilisés. Et, si vous travaillez avec des bourses ou des gestionnaires de fonds, assurez-vous qu'ils sont fiables en vérifiant auprès de plusieurs sources.

ESCROQUERIES PAR CRYPTOMONNAIE À MÉFIER

La crypto-monnaie a longtemps pu échapper aux régulateurs, et même si plusieurs groupes s'engagent à sévir, l'écosystème décentralisé trouvera toujours un moyen de rester juste hors de portée. Bien que beaucoup considèrent cela comme une fonctionnalité bénéfique, cela a tendance à ouvrir le marché aux escrocs désireux de s'attaquer aux naïfs et aux inconscients.

En raison de sa nature non réglementée, le marché de la crypto-monnaie regorge d'acteurs voyous qui peuvent frauder les autres avec peu ou pas de conséquences. Par conséquent, il est essentiel de faire preuve de prudence lorsque vous travaillez dans l'environnement de la blockchain. Nous sommes là pour vous aider à comprendre certaines des escroqueries Bitcoin les plus répandues et à éviter d'être vous-même dupé.

FRAUDE SUR TWITTER

La tentative la plus courante (et franchement la plus paresseuse) d'escroquer les investisseurs s'est récemment infiltrée sur Twitter. Des robots et de faux comptes se faisant passer pour des personnalités bien connues ont commencé à spammer des tweets avec des promesses de retours 10x. Voilà comment cela fonctionne:

1. Une personne célèbre (par exemple @jackdorsey) tweete.
2. Un faux compte (@jackdorsey) avec des commentaires de photo de profil identiques sur le tweet. Le faussaire mentionne le tweet original et annonce un concours dans la réponse. Il vous suffit de l'envoyer pour participer au concours. Envoyez 3-2 Ether à l'adresse ci-dessus et vous recevrez 3-20 Ether en retour.
3. Les robots aiment, partagent et commentent que le cadeau leur a été bénéfique.
4. Attention : Si vous envoyez de l'Ether, vous n'en recevrez pas en retour. Même si cela semble être une fraude évidente, des individus y sont tombés à maintes reprises. Ce n'est jamais une bonne idée de transférer de l'argent à quelqu'un qui promet un retour. Si quelque chose semble être trop beau pour être vrai, c'est généralement le cas.

MANIPULATION DU MARCHÉ

Certaines réglementations peuvent être bénéfiques, surtout lorsqu'elles protège l'homme ordinaire. Les lois commerciales typiques empêchent les baleines disposant de gros fonds de dominer le marché et de duper les investisseurs ordinaires en ouvrant/fermant des positions qu'ils n'ouvriraient/fermeraient pas autrement. Il y a quelques manipulations courantes du marché dont il faut être conscient si ces lois ne sont pas en place.

ACHETER/VENDRE DES MURS QUI NE SONT PAS RÉELS

Les murs d'achat/vente peuvent ne pas vous influencer à moins que vous ne basiez systématiquement vos transactions sur l'analyse graphique. Lorsque vous regardez le tableau de profondeur d'un carnet de commandes, vous pouvez repérer un mur. Un mur, comme son nom l'indique, apparaît comme un haut mur d'un côté du carnet de commandes qui est généralement 2 à 5 fois plus grand que l'autre.

Lorsque vous observez un mur de vente, votre instinct initial peut être de vendre en panique, car cela semble être ce que fait le reste du marché. Au contraire, ce n'est pas toujours le cas. Les murs de vente, comme celui illustré ci-dessus, sont souvent construits par une ou quelques personnes. Ils érigent ces barrières pour faire baisser le prix et inciter les investisseurs à vendre. Les pièces sont ensuite achetées à un prix moins cher.

Si les ordres d'achat commencent à grignoter la paroi cellulaire, la paroi est tout simplement abandonnée. Dans le cas des murs d'achat artificiels, c'est l'inverse qui est vrai. Comprenez que ces faux murs peuvent disparaître à tout moment.

POMPES ET VIDANGES

Étonnamment, les groupes de pompage et de vidage (P&D) existent dans une industrie où des gains de 50 % en un mois sont tout à fait réalisables. Les gangs de pompage et de vidage coordonnent les tentatives de gonfler artificiellement le prix d'une pièce avant de la jeter sur des investisseurs sans méfiance qui pensaient qu'ils montaient à bord d'une fusée vers la lune.

Une escroquerie de pompage et de vidage implique généralement deux participants indépendants et ressemble à ceci :

1. Vous devenez membre d'un groupe de pompage et de vidage. Certains sont libres d'adhérer, mais la plupart exigent un paiement pour être membre.

2. Le chef de groupe sélectionne une pièce à pomper et un prix auquel la jeter.

3. Tout le monde dans le groupe se précipite pour obtenir une bonne affaire sur la pièce.

4. Le prix des pièces commence à augmenter et les investisseurs en dehors de groupe, craignant de manquer quelque chose, achète la pièce, faisant encore grimper le prix.

5. Le gang vend, laissant les investisseurs extérieurs avec les pièces.

6. les membres du groupe en bénéficient. Mais pas tout à fait. La plupart, sinon la totalité, des groupes de pompage et de vidage trompent également leurs membres. Les initiés et les chefs de groupe achètent généralement la pièce avant la pompe et la vendent avant le prix de vidage

annoncé. La plupart des pompes et des décharges ne se vendent jamais au prix indiqué, laissant également les membres hors circuit avec des sacs. Les groupes de pompage et de vidage doivent être évités à tout prix. D'une part, vous participez à quelque chose de contraire à l'éthique et qui sera bientôt illégal. D'un autre côté, vous êtes exploité par un gang d'initiés sans éthique. Soyez conscient des pièces dont la valeur augmente rapidement en tant qu'investissement extérieur. Regarder le volume des transactions de la pièce est une approche facile pour voir si cela fait partie d'un plan de pompage et de vidage. S'il est beaucoup plus bas que les autres pièces, vous êtes probablement dupé.

Dans le graphique ci-dessous, U. CASH a connu une augmentation rapide de 400 %, mais n'a eu qu'un volume de transactions d'un peu plus de 25 000 $. C'est un excellent exemple de la façon dont un petit groupe ou même une seule personne peut rapidement pomper et vider une devise avec une petite capitalisation boursière.

PUBLICITÉ PAYANTE

Bien qu'il puisse sembler que chaque célébrité veille à votre meilleur intérêt, de nombreuses personnalités notables du domaine de la cryptographie sont payées pour promouvoir les pièces. Ces endosseurs doivent être éthiques et divulguer chaque fois qu'ils sont rémunérés pour promouvoir un projet. Cependant, aucune loi actuelle ne les oblige à le faire, et ils le font rarement.

Même les forums en ligne tels que Reddit et Facebook peuvent devenir des pépinières pour les personnes qui sont payées pour défendre des pièces spécifiques.

Prenez chaque suggestion avec un grain de sel et, comme disent les jeunes, DYOR (Do Your Research).

ÉCHANGES AVEC SHODDY

Garder vos actifs numériques sur les échanges est assez dangereux. Ils sont vulnérables au piratage, certains ont des pratiques de gestion douteuses et plusieurs ontproblèmes de sécurité mis en évidence par la récente ruée vers de nouveaux investisseurs. Pour ces raisons, nous vous conseillons de conserver vos pièces dans un portefeuille, de préférence un portefeuille matériel tel que le Trezor ou Ledger Nano S.

Même si vous conservez vos actifs dans un portefeuille, vous devez faire preuve de prudence lorsque vous négociez en bourse.

ATTAQUES DE PHISHING

L'hameçonnage est l'une des fraudes les plus populaires en matière de crypto-monnaie. Les hameçonneurs achètent fréquemment des domaines et des publicités Google qui ressemblent à de grandes places de marché. Même le « faux » site Web semble être presque identique à la réalité. Lorsque vous entrez vos informations d'identification, le faux site vous redirige vers la plate-forme légitime et les pirates vident votre compte. Pour éviter cela, saisissez toujours l'URL de l'échange directement dans la barre d'adresse. Plus important encore, vous devez implémenter une forme d'authentification à 2 facteurs pour tous vos comptes.

PRÉDICTIONS POUR LA CRYPTO EN 2022

La majorité des crypto-monnaies sont conçues pour éviter les lois gouvernementales et la manipulation. L'une des nombreuses caractéristiques qui la distinguent de la monnaie traditionnelle est son intégration dans un réseau peer-to-peer décentralisé. Vous avez beaucoup de contrôle sur vos actifs et sur leur destination, et avec la technologie intégrée derrière la cryptographie, vous pouvez avoir encore plus d'alternatives.

La variété de crypto-monnaie continue de se développer et de se répandre dans le monde. Il est essentiel de garder le cap et de se concentrer sur les solutions présentant le plus grand potentiel. Cela dit, nous passerons en revue certaines des plus grandes possibilités pour les investisseurs débutants et chevronnés en crypto en 2022. Voici quelques prévisions pour l'année 2022 :

1. ÉTHIUM (ETH)

Mis à part Bitcoin, le seul autre actif numérique digne du surnom de "crypto-monnaie blue-chip" est Ethereum. Bitcoin représente plus de 40% de la capitalisation boursière totale de la classe d'actifs. Pendant ce temps, Ethereum contrôle environ 20% de la capitalisation boursière. C'est la seule autre crypto-monnaie qui se rapproche de la concurrence avec les favoris. Aucune pièce n'a même 4% du marché.

Le fait que l'ETH soit unique en son genre est ce qui le rend attirant. Sa popularité croissante est en grande partie due à son utilité en tant que moyen de financement décentralisé. Les développeurs d'Ethereum sont attirés par la création d'applications décentralisées (DApps). C'est la blockchain la plus populaire au monde et le réseau par défaut pour les nouveaux jetons non fongibles, ou NFT.

De plus, ETH 2.0 devrait recevoir une mise à niveau importante en 2022, et la blockchain devrait résoudre son problème, à savoir la vitesse de transaction. Ethereum ne peut actuellement exécuter que 30 transactions par seconde ; cependant, après la mise à niveau, il pourra traiter 100 000 transactions par seconde.

Cependant, l'un des plus gros problèmes pour ETH est les coûts de transaction, ou plus précisément les frais de gaz, ce qui implique que chaque transaction d'ETH effectuée au sein de leur blockchain coûtera un prix basé sur le montant de la transaction effectuée. Plusieurs jetons basés sur Ethereum, en revanche, s'efforcent de résoudre ce problème en adoptant des frais de gaz minimaux, et certains n'offrent même aucun frais de gaz dans leurs protocoles.

Depuis sa création en 2015, le prix d'Ethereum est passé de 1,50 USD à un niveau record de 4 850 USD en novembre. Certains prévoient qu'Ethereum atteindra facilement 5 000 USD en 2022, tandis que d'autres s'attendent à ce qu'il reste stable à sa valeur actuelle d'environ 4 500 USD jusqu'à l'année suivante. Cependant, avec l'arrivée prochaine d'un Ethereum 2.0 mis à jour, une hausse des prix plus proche de 8 000 USD est prévue d'ici la fin de 2022, 10 000 USD en 2023 et 16 000 USD d'ici 2025.

Capitalisation boursière en décembre 2021 : plus de 528 641 000 000 USD

2. LA PIÈCE BINANCE (BNB)

Binance est l'un des plus grands échanges de crypto-monnaie au monde, et le jeton BNB natif a été calqué sur Ethereum mais fonctionne désormais sur la blockchain Binance. La pièce a été émise pour la première fois par la bourse en 2017 en tant que jeton ERC-20 sur la blockchain Ethereum.

C'était un jeton utilitaire qui permettait de réduire les frais de transaction s'ils utilisaient le jeton.

En 2019, le jeton s'est écarté du réseau Ethereum et a rejoint une chaîne originale. Il a été migré vers la Binance Smart Chain (BSC) en 2020 et publié en septembre 2020. C'est une pièce assez sûre qui gagne en popularité aux côtés de Binance. Les prix sont passés de 10 cents au moment de la sortie originale de la pièce à plus de 600 USD maintenant. La monnaie Binance a augmenté de près de 1 300 % rien qu'en 2021.

La pièce Binance devrait croître à un rythme exponentiel entre 2021 et 2024, selon les prévisions à long terme. La valeur de la pièce devrait doubler entre 2023 et 2023, pour atteindre 1 000 $ d'ici la fin de 2022. La pièce Binance devrait se stabiliser à environ 2 400 USD d'ici 2025.

Capitalisation boursière en décembre 2021 : plus de 103 127 000 000 USD

3. LE BITCOIN (BTC)

Bitcoin a été le pionnier de la technologie blockchain lorsqu'il a été créé en 2009 par un ou plusieurs individus utilisant le pseudonyme Satoshi Nakamoto. C'est la première crypto-monnaie à être découverte. Bitcoin est toujours l'une des meilleures crypto-monnaies à acheter et à investir en 2022.

Un seul Bitcoin pouvait être acheté pour 500 USD il y a moins de dix ans. Cependant, au moment de la rédaction, les prix restent supérieurs à 30 000 USD. Il a atteint un niveau record de 68 521 USD début novembre 2021. Il a atteint une croissance de 11 400 % en quelques années et ne montre aucun signe de ralentissement. Enfin, Bitcoin reste l'une des crypto-monnaies les plus populaires pour les investisseurs à long terme et à court terme. Ce dont les investisseurs doivent être conscients, c'est que la blockchain de Bitcoin diminue de moitié, ce qui contribuera à l'inflation des prix en réduisant la quantité de Bitcoin en circulation. Cela conduira inévitablement à une augmentation de la demande de Bitcoin. Cela a été fait tous les quatre ans, et le prix a augmenté de façon spectaculaire au cours de ce cycle. On croit de plus en plus que la domination de Bitcoin sur le marché des crypto-monnaies diminuera à mesure que le nombre d'altcoins avec de meilleures solutions et technologies augmentera. Cependant, cela prendra du temps, et il est possible que cela ne se produise pas puisque de nombreux analystes envisagent la crypto-monnaie défiant de nombreuses entreprises telles qu'Apple et Microsoft comme l'atout le plus précieux à l'avenir.

Bien que le marché ait été volatil vers la fin novembre et le début décembre, rappelons que Bitcoin a atteint un sommet historique de 60 000 USD en octobre, après une chute durant l'été. Cependant, il prédit que Bitcoin continuera sur cette voie et que d'ici 2022, la crypto-monnaie aurait atteint un autre sommet historique au nord de 90 000 USD. Capitalisation boursière en décembre 2021 : plus de 1 065 000 000 USD

4. POLKADOTE (DOT1)

La façon la plus simple de penser à Polkadot est en tant que traducteur. Dans cette liste, nous verrons quelques blockchains différentes qui existent, chacune avec son propre ensemble de fonctionnalités et d'objectifs ; cependant, la difficulté est que ces blockchains séparées ne peuvent pas communiquer entre elles, ce qui limite l'interdépendance de chaque blockchain. Entrez Polkadot, qui se considère comme la blockchain de

toutes les blockchains. Son objectif est de les connecter tous pour faciliter la collaboration des investisseurs et des applications décentralisées.
Si un développeur ou un investisseur souhaite migrer de Bitcoin vers Ethereum, il y a beaucoup de trafic et de désagréments possibles. Polkadot essaie d'avoir les deux dans un lien direct pour exécuter cette transaction. Le potentiel est énorme, d'autant plus que de plus en plus de blockchains et dApps sont installés, et que la croissance de Polkadot est apparemment illimitée. Cependant, la même chose peut être déclarée pour toutes les pièces répertoriées ici. Polkadot se négocie actuellement entre 23 $ et 30 USD, et sa popularité est en hausse, avec de nouveaux sommets attendus en 2022. Polkadot, selon Nick Ranga, atteindra un respectable 60 USD, mais cela dépendra aussi en grande partie de l'atmosphère crypto. dans les prochaines années. Capitalisation boursière en décembre 2021 : plus de 27 464 000 000 USD

5. SOLANA

Quelques crypto-monnaies sont montées en flèche en 2021. Solana, en revanche, pourrait être le principal cheval noir de l'année. Il a commencé l'année avec seulement 0,01% du marché et s'est maintenant hissé parmi les dix premières crypto-monnaies par évaluation du marché en seulement neuf mois. C'est une histoire que tout le monde aime entendre. Les percées technologiques renforcent la technologie. Le protocole SOL, comme Ethereum, a été conçu pour faciliter la construction facile de DApps. Lorsqu'on le compare à autres grands noms du cercle, il a un réseau plus rapide, des coûts plus faibles et une échelle plus indulgente. Fin octobre et début novembre ont vu des sommets sans précédent pour Solana. Il a commencé l'année à environ 4,00 USD et a depuis augmenté à plus de 219 USD par pièce en décembre.

Solana atteindra 300 USD d'ici le milieu de 2022 et sa valeur doublera presque d'ici 2023. Si cette tendance se poursuit, les cinq prochaines années verront une augmentation significative, passant de 1 140 USD à des sommets historiques de 8 722 USD d'ici 2027. Capitalisation boursière en décembre 2021 : plus de 70 300 000 000 USD

6. CARDANO

Cardano est un autre jeton qui est maintenant en compétition pour attirer l'attention des gros frappeurs. Il offre une structure de blockchain largement améliorée qui est plus polyvalente, évolutive et économe en énergie. De plus, la plate-forme est alimentée par des données et un examen par les pairs, introduisant une approche méthodique qui réduit la volatilité.

À ce stade, Cardano peut proposer des possibilités à plus haut risque. C'est un nouveau venu sur le marché et n'a pas le même bilan que les autres crypto-monnaies. Cependant, il introduit de nouvelles fonctionnalités qui pourraient être très payantes à long terme. Il a commencé en 2021 avec un prix de 0,37 USD et a atteint un sommet historique de 2,79 USD en août 2021. Au moment de la rédaction de cet article, l'ADA vaut plus de 1,70 USD.

Cardano devrait être sur le point d'un revirement plein d'espoir après avoir récemment touché le fond. Une augmentation de prix de 18 % au cours de la première semaine de décembre a fourni des gains intéressants. Ce fut une célébration de courte durée pour ses investisseurs, car le prix a chuté de 4 %. Les investisseurs à long terme, en revanche, peuvent anticiper un marché haussier. Selon les prévisions, le prix moyen dépassera 2,00 USD d'ici 2022, passera à 4,0 USD d'ici la fin de 2022 et atteindra plus de 12,0 USD d'ici la fin de 2026.

Capitalisation boursière en décembre 2021 : plus de 57 484 000 000 USD

7. XRP

Développé par plusieurs des fondateurs de Ripple, XRP peut être utilisé sur le même réseau pour négocier des échanges de devises. La liste couvre à la fois la monnaie fiduciaire et les principales crypto-monnaies, le rendant facilement accessible à toute personne intéressée à investir dans des pièces numériques.

XRP a beaucoup à offrir, et c'est une option merveilleuse pour les personnes qui souhaitent expérimenter autre chose que Bitcoin ou Ethereum. Il a commencé en 2013 avec une valeur de 0,01 USD, atteignant finalement un niveau record de 2,28 USD en décembre 2017. Nous avons vu son prix passer de 0,43 USD en janvier 2021 à plus que quadrupler sa valeur en décembre 2021. Au moment de la rédaction, le prix du XRP est d'environ 0,99 USD.

Malgré de multiples défis et poursuites judiciaires, il y a encore beaucoup d'optimisme pour la pièce. Avant que la crypto-monnaie ne se rétablisse, les investisseurs peuvent prendre leur temps. Selon les estimations de prix de Nick Ranga, le prix moyen pourrait revenir à 1,3 USD d'ici le début de 2022. Ce chiffre pourrait grimper à 1,9 USD d'ici la fin de 2022, et peut-être atteindre 3,75 USD d'ici la fin de 2025. Capitalisation boursière en décembre 2021 : plus de 46 015 000 000 USD

8. Litecoin (LTC)

Litecoin a été l'une des premières crypto-monnaies à suivre les traces de Bitcoin. Il a été introduit en 2011 et a été surnommé l'un des premiers "altcoins" du marché. Il s'agit d'un réseau de paiement open source qui fonctionne indépendamment de toute autorité centrale. Il a utilisé un "script" comme preuve de travail, qui peut être résolu à l'aide d'ordinateurs commerciaux ou de processeurs puissants. Litecoin est similaire à Bitcoin à bien des égards, sauf qu'il a un taux de création de blocs plus rapide et des transactions généralement plus rapides.

Litecoin a atteint une capitalisation boursière de 14 milliards USD en 2021, avec un prix par jeton d'environ 200 USD. Il s'agit actuellement de la septième plus grande crypto-monnaie au monde. Litecoin, avec des fondations solides, peut être un support viable pour les investissements cryptographiques à long terme.

Les estimations à long terme indiquent que le Litecoin se terminera à environ 203 USD. La tendance à la hausse du prix du LTC/USD observée au cours des dernières semaines de 2020 et jusqu'en 2021 devrait se poursuivre. Nous nous attendons à ce que la pièce monte en flèche et revienne au niveau de 300 USD quelque part en 2022, suivie de mouvements plus durs vers la fin de l'année.

Capitalisation boursière en décembre 2021 : plus de 14 214 000 000 USD

9. AVALANCHES (AVAX)

Avalanche est l'un des derniers entrants sur le marché. Il s'agit d'une plate-forme de contrats intelligents visant à réduire la congestion tout en permettant des tarifs plus bas. Les usines de cette plate-forme sont nettement moins chères que celles d'Ethereum et d'autres plates-formes. Avalanche offre des avantages particuliers aux utilisateurs corporatifs et commerciaux. Ce ne sont là que quelques-unes des fonctionnalités d'AVAX qui attirent davantage d'investisseurs en crypto.

En raison d'une vente mondiale sur le marché de la cryptographie, la pièce a connu des chutes continues ces dernières semaines. Cela peut cependant être considéré comme un avantage pour les investisseurs qui cherchent à acheter et à conserver. Avalanche a commencé l'année avec une valeur d'environ 3 USD par pièce. Début décembre 2021, son prix était monté en flèche à plus de 120 USD par pièce.

Les prévisions de prix AVAX prévoient actuellement que la devise vaudra 123 USD d'ici la fin décembre. Selon le site Web de prévision basé sur des algorithmes, le prix moyen pourrait atteindre 257 USD d'ici la fin de 2022, et plus que quadrupler pour atteindre 655 USD d'ici la fin de 2025.

Capitalisation boursière en décembre 2021 : plus de 24 913 000 000 $ US

10. MONERO (MXR)

Monero est actuellement l'une des crypto-monnaies à la croissance la plus rapide. Il offre une sécurité et une confidentialité inégalées pour les pièces et les utilisateurs. L'une des raisons les plus importantes de garder un œil sur MXR est sa popularité croissante. Le nombre de personnes utilisant MXR est directement proportionnel au niveau d'anonymat qu'il offre.

Les gens exigent la confidentialité, donc Monero met les investissements à long terme au grand jour. Il continue de démontrer qu'il peut mieux répondre aux exigences de sécurité de la majorité des clients que les autres crypto-monnaies. En janvier 2021, la pièce était au prix de 156 USD par pièce. Tout au long du mois, son prix a énormément fluctué, mais il a finalement trouvé une certaine stabilité au-dessus de la barre des 200 USD. Monero est actuellement évalué à 228 $ par pièce en décembre 2021.

Le prix de Monero a chuté à plusieurs reprises en 2021, passant de récents sommets à moins de 200 USD. Cependant, il est prévu que Monero atteindrait 250 USD d'ici la fin de 2021 et augmenterait de plus de 75 % pour atteindre 430 USD en 2022 se remettre de nombreuses pierres d'achoppement nous donne à croire que la pièce est là pour rester et récompensera les investisseurs à long terme.

Capitalisation boursière en décembre 2021 : plus de 4 311 000 000 USD

LES JOUEURS FUTURS À SURVEILLER EN 2022

1. MOYENNE (AAVE)

Aave a beaucoup de potentiel, et il figure sur cette liste car il s'agit d'un système de prêt décentralisé qui permet aux investisseurs d'emprunter, de prêter et même de gagner des actifs cryptographiques sans passer par un intermédiaire. Aave est construit autour de contrats intelligents qui fonctionnent sur la blockchain Ethereum. La programmation implémentée dans le système fonctionne pour vous dans la réalisation de ces transactions, supprimant le besoin d'intermédiaires tels que les banques pour faire le travail pour vous. Aave a connu une solide course en 2021, atteignant un sommet historique de 600 USD cet été, mais avec les événements récents ayant eu un impact sur le marché et peut-être avec la crainte d'une chute de la crypto, Aave a considérablement chuté.

Selon AskTraders, Aave connaîtra une course importante l'année prochaine à la suite de la mise à jour qu'Ethereum recevra, et son objectif est assez important et mérite d'être investi. Nick Ranga prédit qu'Aave atteindra un USD stable.

500 et peut même aller plus haut grâce au support de la nouvelle technologie de l'ETH.

Capitalisation boursière en décembre 2021 : plus de 2 378 000 000 USD

1. ALGORAND (ALGO)

Algorand est similaire à Ethereum en ce qu'il cherche à augmenter l'évolutivité, la sécurité et la vitesse de transaction pour les consommateurs. La blockchain d'Algorands peut actuellement traiter 1 000 transactions par seconde et vise à augmenter ce chiffre à 45 000 par seconde, ce qui est plus rapide que ce que Visa peut actuellement traiter.

L'un des points importants à retenir du potentiel d'Algorand est qu'il peut non seulement résoudre les trois caractéristiques de la blockchain, mais peut également réduire les coûts ou les frais de transaction par rapport à Ethereum. En raison des frais de gaz élevés d'Ethereum, de nombreuses applications décentralisées (dApp) recherchent des alternatives, ce qui signifie qu'Algorand est une autre alternative Ethereum viable.

Le prix d'Algorand est actuellement d'environ 1,50 USD, mais son potentiel de croissance est important, notamment en raison de son objectif et de sa technologie. Cependant, Algorand peut être négligé à un moment donné en raison d'améliorations avec des concurrents tels que les mises à niveau 2.0 d'Ethereum. Cependant, de nombreux développeurs d'applications décentralisés ont déménagé à Algorand, ce qui implique qu'il existe une possibilité de démarrage l'année prochaine.

Plus de 9 790 000 000 $ de capitalisation boursière en décembre 2021

1. LA BOUCLE (LRC)

Loopring est une pièce basée sur Ethereum qui se présente comme une "plate-forme d'échange non dépositaire et à source ouverte". L'objectif de LRC est de répondre à l'une des préoccupations d'Ethereum en mettant en œuvre des frais de gaz nuls sur le protocole de couche 2 d'Ethereum, qui devrait être le futur futur de la blockchain Ethereum.

Loopring a connu une augmentation significative des prix fin octobre et début novembre, passant de 0,38 USD à un niveau record de 3,46 USD le 10 novembre. Avec la récente chute, il est surprenant que Loopring n'ait pas chuté de manière significative. En raison de l'instabilité du marché, LRC a emprunté une voie différente de celle de BTC, que les tendances cryptographiques ont principalement suivies. Oui, il a diminué, mais il n'est toujours pas loin de son récent record historique. LRC atteindra de nouveaux sommets l'année prochaine et constitue un investissement à long terme en raison de son excellente réponse que beaucoup ont recherchée. Selon les prévisions, le LRC atteindra 5,00 USD au début de 2022 et peut-être 10,00 USD d'ici la fin de l'année.

Plus de 3 176 000 000 $ de capitalisation boursière en décembre 2021

À QUOI S'ATTENDRE EN 2022 - (SPOILER : NFTS, MISES À JOUR TECHNOLOGIQUES ET INTÉGRATION MULTI-MARCHÉS)

L'année 2021 a été cruciale dans l'histoire des crypto-monnaies. Avec de nombreuses entreprises adoptant les paiements cryptographiques en plus des avancées technologiques, la tendance devrait se poursuivre jusqu'en 2022. Des entreprises plus intensives en cryptographie devraient émerger. Nous estimons qu'il existe une pléthore d'entreprises qui peuvent s'adapter à crypto-monnaie et devenir public. Les entreprises de cryptographie peuvent s'engager dans un large éventail d'opérations, des échanges à l'extraction d'actifs numériques en passant par les processeurs de paiement. À mesure que le marché étend sa portée, nous devrions nous attendre à voir plus d'inscriptions, ainsi que des changements à mesure que les entreprises gagnent et perdent des parts de marché.

Voici quelques faits saillants qui rendent la crypto-monnaie prometteuse en 2022 :

- Les jetons non fongibles ont fourni une nouvelle dimension au cercle des crypto-monnaies en 2021, mais nous savons que ce n'est que le début. Parce que les NFT sont relativement nouveaux sur le marché, ils ont une courbe d'apprentissage. De meilleures interfaces utilisateur pour les plates-formes NFT, une stratégie plus large pour atteindre les natifs non crypto et même des portefeuilles numériques pouvant contenir des NFT sont en route. Cette industrie a un avenir prometteur. Nous prévoyons que d'autres industries entreront sur le marché et l'aideront à établir des bases plus solides.

- Ethereum a peut-être une capitalisation boursière plus petite que Bitcoin, mais il pourrait bientôt être en mesure de le concurrencer. Ethereum est actuellement la deuxième plus grande crypto-monnaie. Cependant, si la tendance actuelle se poursuit, l'ETH pourrait dépasser le Bitcoin en tant que crypto-monnaie la plus précieuse en 2022 ou au début de 2023.

- Suite à l'explosion de la cryptographie, les banques centrales devraient introduire leurs monnaies numériques. La Chine est un précurseur dans le développement de sa propre monnaie numérique émise par la banque centrale. Cela pourrait être dû au fait que la crypto menace les monnaies plus traditionnelles. D'autres pays cherchent également à créer leur propre monnaie numérique. Les nations peuvent éviter les caractéristiques non réglementées et décentralisées des crypto-monnaies actuelles en surveillant et en contrôlant plus étroitement leur monnaie numérique. Malgré un boom de l'utilisation du bitcoin et l'émergence d'altcoins supplémentaires, il reste encore un long chemin à parcourir avant que les pièces numériques ne soient utilisées comme moyens de paiement et de transfert traditionnels. Mais nous sommes certains que les choses évoluent dans la bonne direction. Il n'y a aucune raison de le rejeter dans les années ou même les décennies à venir. Les crypto-monnaies et les monnaies traditionnelles peuvent coexister. Il appartient aux investisseurs de déterminer quelle crypto-monnaie répond le mieux à leurs besoins et laquelle est susceptible de survivre en tant qu'acteur à long terme. Cependant, comme pour tout investissement, il existe des risques impliqués, et cela est également vrai pour la crypto-monnaie. De nombreux facteurs peuvent influencer la hausse et la baisse des prix, dont le COVID-19 et le développement de variantes telles qu'Omicron ; c'était l'un des nombreux problèmes qui ont récemment influencé le marché et qui pourraient continuer à affecter le marché dans les années à venir.

Pour tout investissement, la recherche est essentielle. La technologie et les protocoles contenus dans les différents cryptos de cette liste offrent un objectif et des solutions réels, mais ils diffèrent de diverses manières. Je vous suggère donc de prendre le temps de lire ces objectifs et de déterminer si vous pouvez investir dans la technologie à long terme et soutenir la technologie de votre crypto-monnaie sélectionnée.

Participer à ce nouveau secteur et réaliser des investissements est, au final, un engagement important. Si vous voulez assurer un succès à long terme, vous devez faire preuve de diligence raisonnable avant de prendre toute mesure.

LA BLOCKCHAIN ET LA LOI D'AMARA

En raison des quatre (4) années de réduction de moitié du bitcoin, une grande partie de la recherche sur les prix et de la spéculation dans la cryptosphère a eu tendance à se concentrer sur la nature cyclique du bitcoin. Pour clarifier ce que sont les moitiés, les mineurs de bitcoins utilisent la puissance de traitement pour valider les transactions, ce qui ajoute des blocs à la blockchain. Chaque fois qu'ils ajoutent un bloc, un certain nombre de nouveaux bitcoins sont créés et ils sont récompensés par ce bitcoin.

Un événement de réduction de moitié se produit tous les 210 000 blocs ou environ tous les quatre ans, et il entraîne la réduction de moitié du montant de la récompense. Cela s'est produit en 2012, 2016 et 2020, et les incitations minières sont passées de 50 BTC par bloc à 25, 12,5 et actuellement 6,25 BTC.

Jusqu'à présent, ces réductions de moitié ont coïncidé avec un cycle intensif de type boom et effondrement, entraînant des explosions de prix, des pics d'explosion et de sévères corrections prolongées. Cependant, lorsque vous effectuez un zoom arrière sur le graphique, tous les pics et creux passionnants font partie d'une marche ascendante continue.

Ces schémas ont du sens, mais devrions-nous nous attendre à ce que la corrélation entre les réductions de moitié et les fluctuations sauvages des prix dure éternellement (ou jusqu'en 2140, lorsque le bitcoin sera entièrement exploité) ?

Parce que le bitcoin était le plus volatil au début de sa vie, la première réduction de moitié a agi comme une charge de détonation, et on pourrait en dire autant du deuxième événement de ce type, en 2016. La troisième réduction de moitié a sans aucun doute anticipé des augmentations de prix substantielles, mais il n'a pas Cela ne s'est pas déroulé comme prévu, sans sommet euphorique à la fin de 2021 pour refléter les événements de la fin de 2017.

Bien sûr, il faut tenir compte de l'incomparable covid-19 réponse qui a enchaîné et paralysé le monde avec un quasi-communisme névrotique au cours des deux dernières années, mais même ainsi, les futures réductions de moitié ne seront probablement pas aussi réussies que celles de la première décennie effervescente du bitcoin.

À ce stade du développement et de l'adoption de la technologie blockchain, il peut être utile de rappeler une ancienne perle de sagesse connue sous le nom de loi d'Amara.

Roy Amara a été informaticien au Stanford Research Institute et, pendant un certain temps, directeur de l'Institute for the Future, un groupe de réflexion californien affilié à la RAND Corporation.

Sa citation aurait été prononcée dans les années 1960 ou 1970 et est maintenant connue sous le nom de loi d'Amara, même s'il ne s'agit que d'une simple observation. Cela a été mentionné dans les discussions sur de nombreuses technologies émergentes, y compris les nanotechnologies et l'IA, et cela semble être pertinent pour ce qui se passe avec les crypto-monnaies et l'utilisation de la blockchain.

Essentiellement, il stipule que lorsqu'une nouvelle technologie en est à ses balbutiements, il y aura des prédictions audacieusement utopiques de ce que cette technologie fera qui ne sont pas liées à son degré réel de complexité et d'attention générale à l'époque.

Cela correspond exactement aux premiers partisans du bitcoin, qui avaient des convictions étonnantes, presque évangéliques, dans la capacité révolutionnaire du bitcoin et se consacraient non seulement à l'exploitation minière, mais aussi à faire passer le mot dans les détails techniques sérieux, même si cela signifiait parfois parler à des salles presque vides. Alors même que tout se passait, il ne se passait pas grand-chose dans le courant dominant. Bitcoin est resté à la périphérie de la sensibilisation du public et a été rejeté par la majorité, s'il était reconnu du tout, comme une arnaque, uniquement utile aux criminels, ou, au mieux, un passe-temps non pertinent.

Selon Amara, ce qui suit cette étape dans des circonstances pertinentes est une période de sous-estimation à long terme, même lorsque la technologie mûrit au point où elle devient faisable. Cela signifie que, juste avant la véritable transformation, il y aura une mauvaise interprétation de la situation : que la technologie est tombée et n'est plus utile, alors que la technologie est juste au point où elle peut être acceptée et déclencher des perturbations.

À ce stade, des cas d'utilisation sont en cours d'élaboration et adoptées, mais il n'est pas largement admis que les changements en cours remplaceront les normes précédemment établies dans des domaines d'importance sociétale. Est-ce actuellement comme le bitcoin ou, plus largement, la technologie crypto et blockchain ? Nous devons être très attentifs, car c'est peut-être le point d'inflexion auquel, à travers les chaînes de blocs alternatives au cœur structurel du développement du web3, et le bitcoin lui-même en tant que découplage des banques centrales, une transition significative se produit.

www.ingramcontent.com/pod-product-compliance
Lightning Source LLC
Chambersburg PA
CBHW050259220526
45465CB00002B/741